L_n 20027.

ÉLOGE
HISTORIQUE
DE
FRANÇOIS
VANDERBURK,

ARCHEVÊQUE-DUC DE CAMBRAI,

Prince du Saint-Empire, Comte du Cambrésis.

Par M. l'Abbé OUVRAY.

―――――――――――

M. DCC. LXXXV.

ÉLOGE
HISTORIQUE
DE
FRANÇ. VANDERBURK,
Archevêque - Duc de Cambrai.

MONSEIGNEUR,*

Lorsque l'Écrivain, supérieur aux lumieres de son siécle, paroît avoir fourni sa carriere, la postérité le cite à son tribunal

---

* M. l'Évêque d'Amycles, parent de M. Vanderburk, présent.

incorruptible; ses productions, tantôt lacérées par les traits de l'envie, tantôt préconisées par l'impiété, & flétries par la Religion, sont appréciées : la médiocrité même, qui souvent croit partager la gloire de l'Homme illustre, en publiant ses succès; ou viser à la supériorité, en décriant le vrai mérite : tout conspire à prolonger le triomphe des talens. Si le Héros, victime de sa bravoure, expire dans le champ de Mars; sa tête qui ne descend dans la tombe, que pour être couronnée de lauriers; les imprécations & les gémissemens des vaincus; les trophées qui s'élévent sur les ruines de l'huma-

Historique. 5

nité ; le délire des vainqueurs qui chantent ces jours de deuil & de tristesse, ces funérailles des nations : tout publie la gloire du Héros, & lui assure l'immortalité. Il est même des forfaits, qui au déshonneur de l'humanité, vont se ranger dans la classe des faits extraordinaires, & trouvent dans nos annales une célébrité qui devroit être le prix d'une vertu sublime, ou d'un mérite éminent. Par quelle fatalité l'homme vertueux, qui ne soupire qu'après le bonheur de l'humanité, qui ne s'occupe que du bien solide & durable de ses concitoyens, meurt-il sans pompe & sans éclat ? Pourquoi la France connoîtelle à peine le nom d'un Prélat vertueux, qui n'éprouva d'autres paſſions, que celle du bien public ? Bienfaiſant par religion, il chercha l'obſcurité, & ne fut trahi que par la nature de ſes bienfaits : Bienfaiſant par état, il rapporta toutes ſes actions à cette vertu ſi précieuſe à l'humanité, la bienfaiſance : Bienfaiſant par inclination, il embraſſa toutes les portions de l'humanité, que le malheur peut opprimer. Ces traits ainſi réunis nous offrent le tableau fidéle de FRANÇOIS VANDERBURK, Archevêque-Duc de Cambrai, Prince du Saint-Empire, Comte du Cambreſis.

La bienfaisance appuyée sur la Religion, dirigée par les lumieres d'un esprit solide, fut la base de sa conduite, le fondement de sa gloire, la source du bonheur du Cambresis, de la France & de l'humanité. Sa bienfaisance sera le seul point de son éloge.

Religion sainte! ô vous qui foudroyez les cœurs endurcis! inspirez, dirigez & couronnez les vrais amis de l'humanité! C'est vous que je vais célébrer, en exposant les bienfaits de VANDERBURK. Si la bienfaisance est la vertu qui honore le plus l'humanité, vous seule pouvez la pousser à un si haut degré de perfection.

La noblesse est une chimere au jugement du Philosophe orgueilleux, qui ne peut illustrer par sa valeur un nom dont il rougit; mais le vrai Citoyen se livre à l'enthousiasme, à la vue d'une institution utile à la patrie & à l'humanité, qui peut en même temps avilir un lâche opprimé sous le fardeau de la gloire héréditaire, le flétrir à l'ombre des lauriers qui ornerent son berceau, échauffer les esprits, perpétuer dans les familles l'amour de la gloire & du véritable honneur, ranimer le courage, faire éclore les grandes vertus & les grandes actions, la source du bonheur public. FRANÇOIS auroit immortalifé le nom de VANDER-BURK, fi la gloire antique de fes aïeux (1) dont il augmenta le luftre, n'avoit été le fondement de fa propre gloire, & le germe de fes vertus. En vain l'héréfie employa tous les genres de per-fécution contre la Maifon de Vanderburk, & redoubla fes efforts pour déraciner ce chêne majeftueux & facré (2), qui cou-vroit de fon ombre toutes les plaines de la Flandre : en vain pour prolonger des jours con-fervés par une efpéce de pro-dige, le jeune FRANÇOIS aban-donne une Mere captive, un Pere exilé, des foyers enfan-glantés. Son cœur échauffé par le feu de la perfécution, n'éprouve plus d'autre sentiment que celui de la bienfaisance. Son ame attendrie par la douleur, est plus ouverte aux vérités consolantes de la Religion. C'est à l'école du malheur, que le jeune FRANÇOIS se forme à la vertu ; c'est à l'école du malheur, que l'énergie de son caractere se développe. Le malheur de son enfance a je ne sçais quoi d'intéressant, qui le rend précieux à tous ceux qui l'environnent. Le malheur de ses premiers ans devient la source d'un zéle apostolique & du bonheur de l'humanité. Loin de tout Historien l'artifice de l'Écrivain partial, qui, pour présenter son héros à la posté-

Historique.

rité dans les beaux jours de fa splendeur, enveloppe dans les ombres de quelques faits intéreſſans, les jours malheureux où l'homme s'oublie ſouvent, & ſe prépare quelquefois un repentir bien amer. Chaque inſtant de la vie de FRANÇOIS eſt un point de ſon éloge. C'eſt ſous les yeux du ſavant Lambert, qu'il forma ſes premiers pas dans la carriere des ſciences. L'Univerſité de Douai l'admet dans ſon ſein, applaudit auſſitôt à ſes ſuccès & à ſes rares qualités du cœur & de l'eſprit. Quelques années s'écoulent, & déjà cette école n'offre plus un théâtre aſſez élevé pour ce génie ſublime. Toutes les lumieres des Pays-Bas devoient concourir à le perfectionner. L'Université de Louvain exposoit alors les écrits frappans & majestueux des premiers défenseurs du Christianisme, les principes lumineux de la Jurisprudence. Les Savans qui y venoient de toutes parts, offroient une brillante carriere aux talens, & enflammoient l'ardeur du jeune Athlete : il paroît dans la lice, porte le flambeau dans le labyrinthe des loix. Toutes les difficultés s'applanissent, & aussitôt il fait paroître un jugement solide & profond, une éloquence mâle & nerveuse. FRANÇOIS a mérité les suffrages, il a remporté

Historique. 13

la palme. L'éclat de fes talens ravit ; on aime fes vertus ; on rend hommage à fes fuccès. Il femble qu'une juftice extraordinaire ait voulu lui prodiguer d'avance des honneurs que la poftérité, juge incorruptible, a coutume de rendre ; & le venger de l'ingrat qui pourroit jouir de fes bienfaits, fans célébrer fes vertus. Deftiné par la bonté de fon cœur & la douceur de fes mœurs, à faire le bonheur des hommes, il embraffe l'état fublime qui l'approche le plus de l'Être Suprême ; le rend l'organe de la vérité, l'inftrument & la victime de la bienfaifance, l'Apôtre d'une Religion qui ne prêche que le bonheur des humains. Élevé, pour ainsi dire, à la porte du Sanctuaire, il veut en être l'ornement & le défenseur. Pour s'opposer aux ennemis de l'humanité, il apprend à confondre les ennemis de l'Evangile, manier des armes propres à les terrasser ; & peu flatté d'avoir excellé dans la science des loix civiles & du droit Ecclésiastique, il perfectionne ses connoissances par l'étude approfondie des loix Divines, le fondement & le code sacré de sa religion. Ennemi du faste & de l'ambition, loin de briguer les dignités pour pallier un mérite factice, ou soutenir, par les richesses & le jeu des passions, une réputation précaire que l'intrigue seule peut former & détruire ; assez courageux (3) pour s'opposer à son élévation ; plus courageux encore, on l'a vu faire le sacrifice de sa fortune, abdiquer des charges qu'il honore, se réduire au plus étroit nécessaire, & trouver, dans ses privations, des secours qu'il verse dans le sein de l'indigence opprimée. Mais (4) ce qui paroît le condamner à l'oubli des hommes, publie sa gloire. La Cour de l'Archiduc retentit du nom de VANDERBURK : sa réputation & ses vertus le portent sur le siége de Gand. Cette nouvelle annoncée par les acclamations

& les cris de joie du peuple, est un coup de foudre pour M. VANDERBURK. L'immense étendue de ses devoirs & les dignités qu'il avoit occupé dans l'Église, en l'approchant de l'épiscopat lui font encore mieux sentir le fardeau qu'on lui impose : il voit dans un Évêque un homme extraordinaire, que la Religion enflamme pour embraser tous les cœurs de l'amour sacré de la Divinité, du Monarque, & de la Patrie ; un Citoyen vertueux, à qui le Prince confie la soumission des Sujets, l'empire des mœurs & de la Religion le plus ferme appui de son Trône ; un homme généreux, dont le cœur

Historique. 17

sensible & compatissant est l'asyle de tous les malheureux. Le sang ne circule dans ses veines, que pour le sacrifier à la gloire de l'Être Suprême & de sa Religion, au salut de ses concitoyens, au bonheur des humains. Chargé sur la foi des sermens d'écarter un forcené qui oseroit arborer l'étendart de la révolte, attaquer les droits du Monarque, ou suspendre un fer meurtrier sur sa tête ; chargé sur la foi des sermens de réformer les abus, ranimer la vigueur des loix anéanties par la corruption ou le relâchement, un Évêque doit connoître les grandes ressources de la Religion, les foiblesses attachées à l'humanité, les causes du malheur, & sur-tout l'art difficile de tirer des sources même du malheur, la gloire de la Religion, la pureté des mœurs, la splendeur & la paix de l'État. Il doit connoître les loix divines & humaines, défendre les droits de la Religion & de la Couronne, respecter les bornes sacrées qui séparent l'Empire & le Sacerdoce, fomenter l'heureuse harmonie qui doit régner entre ces deux Puissances. Par-tout un Évêque doit venger les droits du Sanctuaire, pour affermir par la Religion les fondemens du Trône, assurer par la douceur & la soumission évangélique, l'autorité du Monarque, la source du bonheur des États.

Telle est l'idée que FRANÇOIS se forme de l'épiscopat; tel est (disons-le à la gloire de ceux qui font l'ornement de l'Église) tel est en raccourci le tableau des obligations qu'un Évêque s'impose. A la vue de ces devoirs, M. DE VANDERBURK est effrayé; son humilité s'allarme; & l'autorité seule peut arracher un consentement qui fera le bonheur d'un grand peuple. Il me semble voir cet Homme généreux faire le sacrifice bien rare de sa volonté, céder à la violence, donner un libre cours à ses larmes, s'humilier sous la main du Pontife, accepter la charge d'un vaste diocése. Plein du feu sacré qui le consume, brûlant du desir de faire des heureux, l'Évêque de Gand se livre à toute l'activité de son zéle, mais d'un zéle éclairé, prudent & compatissant. Loin de lui ce zéle impétueux, indiscret & jaloux, qui enflamme tout, brise tout, & ne connoît d'autre vigne que celle qu'il a cultivée : le zéle évangélique n'est pas le germe des passions. Loin de lui cette classe d'hommes, qui, flétris par la société, avilis par la naissance, dégradés par leur méchanceté naturelle ou la dépravation du caractere, ne sont pas ranimés par les sentimens, l'éducation ou les vertus. Loin de lui cet homme dangereux, dont le ministere est d'interpréter les actions les plus innocentes, outrer les foiblesses, couvrir l'humanité d'horreurs, inventer les calomnies les plus noires, pour ne pas être inutile ; servir ses passions ou ses intérêts : tout délateur est un monstre à ses yeux, un animal vénimeux, qui ne peut pomper la corruption sans causer des plaies incurables ; un vil instrument de l'oisiveté, de l'ignorance & de la tyrannie, qu'on enhardit au crime, en étalant pompeusement les dépouilles de celui qu'on veut perdre. FRANÇOIS est l'œil de son troupeau, n'a d'autres coopérateurs (5) que ceux qui lui font donnés par l'expérience & la vertu, & fur-tout la bienfaifance évangélique. Si un loup ravit le manteau du Pafteur & s'introduit dans la bergerie, FRANÇOIS arrache le Miniftre infidéle au troupeau malheureux, fournit des alimens à l'intrus qu'il n'ofe flétrir, dévore en fecret fon amertume, dépofe dans le fein de la bienfaifance & de la religion, des malheurs qui, déshonorant le Miniftre, pourroient aux yeux des ignorans ou des impies, avilir un miniftere toujours honorable. L'Evêque de Gand devient le réformateur

Historique. 23

de son diocése : il étonne par sa fermeté ; mais il attache par sa douceur, il instruit par ses discours, & il touche par son exemple & ses bienfaits ; il a captivé les esprits, il régne sur les cœurs. Déjà le diocése de Gand ne reconnoît plus ses mœurs : la justice éclate : l'innocence opprimée respire : la Religion triomphe ; & pour immortaliser une révolution si heureuse, & en recueillir tous les fruits, l'Evêque de Gand a fait consigner dans les canons de la discipline Ecclésiastique les monumens précieux de la réforme. Assez éclairé pour se défier de ses propres lumieres, il réunit ses coopérateurs dans le ministere Evangélique, pour former un code si nécessaire; d'autant plus respectable, qu'émané du sein de la Religion, il est recueilli par ses Ministres les plus éclairés & les plus vertueux. O Eglise de Gand ne jouis-tu d'un éclat si vif, & n'es-tu parvenu à ce haut degré d'élévation, que pour mieux sentir le malheur qui te menace !

Le Chapitre de Cambrai, toujours attaché à ses droits, toujours prêt à les sacrifier, s'ils cessoient d'être conformes au vœu de la nature & de la Religion, aux intérêts de la Province, du Monarque ou de l'Etat ; le Chapitre de Cambrai (alors

Hiſtorique. 25

(alors le Séminaire (6) des Evêques) envie à l'Egliſe de Gand le tréſor qu'elle poſſéde à peine, & choiſit au dehors un Chef qu'elle peut tirer de ſon ſein. Cette élection répand l'alégreſſe au Cambreſis, & la conſternation dans la ville de Gand. FRANÇOIS lui-même emploie tout ſon crédit pour s'oppoſer à ſa propre élection. Senſible à la voix du Très-Haut, ſenſible aux gémiſſemens qui s'élévent de toutes les parties de ſon diocéſe, il reſſent la douleur la plus amere ; ſon cœur devient le théâtre d'une guerre inteſtine & cruelle. Placé, pour ainſi dire, entre une vaſte Province qu'il vient de

B

former aux mœurs, à la religion, à la société; & un peuple immense qu'il peut arracher aux derniers malheurs, il est alternativement dominé par sa douleur & son zéle : c'est une mere sensible, à qui la mort vient d'enlever un époux chéri; elle gémit à la vue de ces rejettons précieux, qu'un enfantement douloureux lui rend plus chers encore : & cependant elle soupire après de nouveaux liens. Les cris de l'humanité souffrante percent le cœur de FRANÇOIS : docile à la voix de la Religion & de la nature, il consent à son élection.

Mais quelle affreuse perspective se découvre à ma vue! Pour

Historique. 27

célébrer les triomphes de VAN-DERBURK, il faut rappeller les malheurs qui affligeoient la Province alors, & en découvrir la source empoisonnée. Rome écrasée sous le poids de sa grandeur, en communiquant aux Provinces conquises la pompe & la magnificence qu'elle ne pouvoit plus contenir dans son sein, parut transmettre en même temps le germe de tous les malheurs (7). Le trône des François commençoit à s'élever sur les débris de l'Empire, lorsque tous les fléaux réunis assiégerent le berceau de la France, ravirent successivement au Cambresis sa fertilité, ses loix, ses vertus,

B 2

sa religion, ses mœurs & ses habitans. Cambrai, toujours agité, souvent déchiré par des factions intestines, enhardies aux plus affreux massacres; plus souvent encore subjugué par des usurpateurs qui se disputoient les débris, & vouloient régner sur ses cendres, ne connoissoit d'autres révolutions que les horreurs de l'anarchie, le changement de servitude & d'oppresseurs, ou la réunion de tous les fléaux. Un fantôme de Roi sans réputation, sans armée, sans appui, sans courage, laissoit échapper de ses mains les rênes ensanglantées de son royaume précoce : les Grands, fiers par la foiblesse &

l'aviliffement de leur Chef, ne refpeɛtoient plus un diadême chancelant fur fa tête, mettoient leur obéiffance à un prix aviliffant, regardoient la fidélité, le plus facré des devoirs, comme un bienfait précaire, & la retiroient au premier fignal de révolte. Cette Province, autrefois le centre de la fplendeur & de la magnificence Romaine, fut changée plufieurs fois en un défert affreux, où l'on ne voyoit plus que flots de fang, ruines fans majefté, triftes débris échappés des flammes, immenfes tombeaux couverts de morts & de mourans. Ses enfans, fes alliés, fes ennemis, tous la déchiroient, tous travailloient à fa perte : les générations ne fe fuccédoient, que pour être en proie à de nouveaux malheurs : la terre ébranlée dans fes fondemens, annonçoit une ruine prochaine : des guerres fanglantes & multipliées avoient arraché le cultivateur à fes propres foyers, changé fes campagnes en un théâtre d'horreur, profané les temples par le facrilége & le carnage : les efprits échauffés par l'ardeur des combats, ne connoiffoient plus le doux charme des Lettres ; le fracas des armes les avoit bannies de ces contrées tumultueufes : l'érudition avoit perdu fon empire, & n'étoit plus qu'une chimere : une ignorance hardie, parée de quelques mots obscurs, méritoit les suffrages de la multitude, & formoit un parti puissant. Tout chef de révolte étoit l'oracle de la nation, l'apôtre de la liberté. Un reste de connoissances échappées du naufrage, suffisoit à peine à la conservation des précieuses vérités de la Religion, & ne servoit qu'à conduire des menées sourdes, & fomenter le feu de la discorde. Éloigné des vertus morales & religieuses par ses divisions; éloigné de la nature & des arts; plongé même dans la barbarie par ses malheurs & ses victoires ; religieux jusques dans ses combats, mais jaloux de sa liberté jusques dans sa religion, le Cambresien ne soupiroit qu'après une indépendance absolue, & secouoit toute autorité comme un joug insupportable : le sceptre d'or que les ambitieux Châtelains faisoient luire à ses yeux, au lieu des chaînes qu'il portoit, augmentoit encore ses impatiens desirs, & minoit sourdement l'autorité du Clergé. L'Évêque & les Chanoines, mille fois outragés, presque toujours persécutés au mépris des loix de la Religion, de la nature & de l'Empire; après avoir soufferts tout ce que la révolte, les prisons, les incendies, les tourmens de toute

Historique.

espece ont de plus humiliant & de plus atroce, trouverent enfin des protecteurs honorables dans l'Empereur, le Roi de France, le Comte de Flandres, & la Comtesse de Hainaut ; tandis que les Habitans du Cambresis, surpris par des usurpateurs, sont chargés de nouveaux fers.

Le jour où le feu de la révolte embrasa la Province & consuma les défenseurs du Sanctuaire, rappelle des malheurs, dont l'Histoire fournit peu d'exemple. Une disette affreuse porta la désolation, le deuil & la mort dans cette région si fertile, l'agita des plus violentes secousses, étouffa les cris de la Religion & de la nature, fit éclore des forfaits inouis, & traînoit à fa fuite un fléau plus terrible encore. La corruption de l'air attaquoit ceux que la famine avoit épargné : l'homme envioit la condition des animaux ; il ne pouvoit fe fouftraire aux cruelles influences de la contagion, ni chercher un remede à fes maux dans une terre étrangere : la douleur brifoit les liens fi puiffans de la fociété, du fang & de l'amitié ; faifoit oublier des engagemens fi doux à un cœur tendre & fenfible. L'époux cherchoit fon époufe, & fuyoit à fa vue comme à l'afpect d'un ferpent : une mere n'ofoit offrir des fecours à fes enfans ; elle craignoit d'infinuer le poifon dans leurs veines, ou de puifer le germe de la contagion. Le crime & le malheur fe difputoient l'empire de la Province : le Ciel même fe déclara contre fes malheureux Habitans. Une chaleur exceffive & continuelle énervoit les forces de la nature, la follicitoit à des productions précoces & paffageres, épuifoit les fucs de la terre, la couvroit de fleurs & de vermiffeaux qui dévoroient le tendre germe à peine développé.

Telle eft la longue chaîne de crimes & de malheurs qui s'appefantit fur le Cambrefis, y imprima des plaies bien profondes & bien vives, qui faignoient encore à la promotion de Vanderburk. Pardonne, ô Province aujourd'hui si florissante ! ô toi, le séjour de la paix, de l'abondance & de la Religion ! Pardonne, si je viens de déchirer ton sein : la gloire de mon Héros est fondée sur tes antiques malheurs ; il falloit rouvrir ces plaies pour apprécier les bienfaits d'une main divine qui sçut les fermer pour toujours. Si le triomphe du malheur est d'avilir l'espece humaine & d'obscurcir la vertu, le triomphe de la vertu sublime, est de surnager au milieu des orages, & de braver le malheur. Le premier ennemi que François attaque, même

Historique. 37

avant son inauguration, c'est cette hydre sans cesse renaissante, qui désoloit alors le Cambresis, & partageoit la Province en plusieurs factions ; (on peut sans crainte & sans partialité révéler les secrets de l'Histoire, quand les préjugés déracinés, les haines anéanties, les douceurs d'une paix solide, ont sçu dissiper jusqu'à l'ombre du malheur). Tout chef de parti s'entre-choquoit à chaque instant, écrasoit les foibles sous ses ruines, ou les opprimoit de ses triomphes : l'ambition, la jalousie, la honte de la défaite, ou le sacrifice d'une paix momentanée, tout aigrissoit les esprits, tout augmentoit le feu de la discorde, étouffoit ces vertus sublimes qui sont l'ame & le nerf des États : la Religion, l'intérêt commun, la gloire & les mœurs étoient sacrifiées sans réserve à l'intérêt personnel, ou à la haine des partis. L'ambition, l'intrigue & la vengeance tramoient en secret la chaîne des trahisons & des meurtres qu'elles venoient d'ourdir dans les ténèbres. La Province, emportée par le tourbillon, fut successivement soumise à toutes les Puissances voisines (8), ignoroit souvent son véritable maître ou son usurpateur, & flottoit au gré de ses vainqueurs comme le vaisseau qui, battu de la tempête,

est lancé par la mer en courroux jusqu'au sommet des vagues, retombe avec précipitation dans l'abyme, & reparoît encore sur les flots mugissans. L'amour de la liberté perdit le Cambresis : l'amour de la liberté répara les malheurs de la Province. VANDERBURK, emporté par l'éloquence de la nature & du sentiment, réunit tous les Grands, les confond. « Hé
» quoi, leur dit-il, vous ne
» soupirez qu'après la liberté ;
» la liberté seule vous anime
» dans les combats, & vous
» travaillez sans relâche à vous
» forger des chaînes ! la divi-
» sion qui régne parmi vous,
» épuise vos ressources, ouvre

» la porte à tous vos ennemis,
» vous prépare l'esclavage le
» plus rigoureux : déjà la fou-
» gue des passions réunies, vous
» opprime ; un fer est suspendu
» sur vos têtes, il ne tient plus
» que par un fil : & vous
» cherchez à le rompre ! Au
» nom de la nature & de la
» Religion, au nom de la li-
» berté si précieuse & si chere
» à vos cœurs, au nom de la
» Patrie & de vos enfans, rom-
» pez ces nœuds qui vous re-
» tiennent attachés aux factions !
» étouffez le germe de la divi-
» sion, & vos forces réunies
» feront le plus ferme appui du
» bonheur & de la liberté pu-
» blique ».

A ces mots foutenus de la réputation du nouvel Archevêque, un cri d'admiration & de reconnoiffance s'éleve de toutes parts ; chacun frémit, comme s'il eût entendu l'oracle, & rougit d'avoir dépofé fi tard un préjugé contraire à la vraie liberté : chacun fe range fous les paifibles drapeaux de VAN-DERBURK, & travaille de concert au bonheur commun; ce n'eft plus qu'un même efprit, un même amour pour la liberté, une haine commune contre les tyrans : l'amour du bien public embrafe tous les cœurs, infpire la confiance mutuelle, rend les Citoyens à leur propre ville, à leurs familles, à eux-mêmes : la Province a changé de face, & la paix régne au sein du Cambresis. La poésie même parut sortir du tombeau, pour célébrer le regne de la paix, le triomphe de la liberté.

A des maux extrêmes, l'Archevêque de Cambrai sçait opposer des remedes supérieurs, & les faire tourner au profit de la Religion & des mœurs. La contagion lutte contre la nature, épuise toutes les ressources de l'art, & brave ses efforts impuissans. Ce Prélat religieux parcourt l'espace immense qui sépare le ciel de la terre, forme des nouveaux liens entre l'homme & la Divinité, pénétre jusqu'au trône de l'Éternel ; & sa main dirigée par l'Être Suprême, fait couler une rosée bienfaisante qui dissipe la contagion, répand sur la terre des consolations nouvelles, fait germer dans tous les cœurs l'amour de la vertu, des mœurs & de la Religion. Frappé du prodige, l'Archevêque de Cambrai veut perpétuer les monumens de sa reconnoissance, donner des protecteurs, & sur-tout des modéles ; inspirer à tous l'amour de la bienfaisance, & perpétuer le triomphe de la Religion. Déjà les richesses du Cambresis sont réunies pour décorer les restes précieux de ces antiques bienfaiteurs de la

Province : déjà fes Habitans font profternés aux pieds des autels, font retentir l'air de leurs acclamations; ils honorent les cendres de leurs bienfaiteurs, ne refpirent que l'amour de la Religion & de la bienfaifance : & fi malgré les imprécations de la vertu, des mœurs & de l'honneur, dans le feu de la licence & dans le fein de la corruption, l'on a vu prodiguer les hommages à des génies meurtriers qui enchantoient par leurs talens ; fi l'enthoufiafme littéraire ou la reconnoiffance publique, a confacré la mémoire du Philofophe & du Poëte françois par des monumens, dont la vue feule peut

Historique. 45

exciter les larmes & les foupirs des hommes fenfibles, échauffer (9) l'imagination du jeune Écrivain, affurer le triomphe des talens : on voit auffi s'élever du fein de la Religion, des hommes généreux & défintéreffés, qui préferent l'art de bien faire à la magie du ftyle, évoquent les manes des Bienfaiteurs des humains, mettent fous les yeux du Public un dépôt refpectable, honorent les Héros de la bienfaifance pour exciter l'amour & affurer le triomphe d'une vertu fi précieufe à l'humanité.

Eh quoi ! l'Archevêque de Cambrai voudroit-il invoquer la rofée du Ciel, & laiffer à l'Auteur de la nature, le foin de réparer fes malheurs extrêmes ? Voudroit-il, à l'ombre d'une piété feinte ou d'une fenfibilité impuiffante, cacher une avarice monftrueufe qui ne trouve jamais le befoin affez urgent, durcit l'ame, & la rend infenfible aux gémiffemens de la nature ? Afyles facrés, qui fuppléez aux devoirs du pere dénaturé, du fils ingrat, & offrez des fecours durables à des maux fans ceffe renaiffans ! Afyles facrés, qui réparez les outrages faits à l'humanité, les funeftes effets des paffions ou du malheur ! ô vous, dont les reffources épuifées par tous les fléaux, n'offroient d'autres fou-

lagemens à l'humanité souffrante, qu'une mort accélérée par le défespoir, vengez la mémoire de votre Restaurateur!
(10) Sa bienfaisance n'est pas le fruit passager d'un mouvement que la nature imprime aux cœurs sensibles & tendres, à la vue d'un malheureux : fondée sur la vertu, dirigée par les lumieres, elle s'éleve jusqu'aux siécles futurs, embrasse tous les infortunés qui gémiront sous les coups du sort : & l'enfant qui vient de naître, & se trouve sans mere, & le vieillard que la vie écrase de son poids, & le moribond qui trouvoit à peine de quoi prolonger les douleurs de la mort; tout se

ranime à la vue de FRANÇOIS;
&, graces à ses largesses, des
milliers d'infortunés, dont le
malheur est le seul crime, qui
seroient abandonnés dans le
tourbillon des villes, comme
des monstres que la mer a jetté
sur les bords d'une isle déserte,
vivent dans les douceurs de la
paix, dans le sein d'une Religion qui seule peut adoucir les
miseres de la vie & les horreurs
du trépas: ils ont trouvé dans
M. DE VANDERBURK un pere,
un fils, un ami bienfaisant, qui
ne met d'autres bornes à ses
bienfaits, que celles de la prudence & de la discrétion. C'est
peu pour FRANÇOIS d'avoir
assuré la paix dans son diocése,

il

Historique.

il veut former la génération naiffante à la vertu ; & pour former des citoyens vertueux, il affermit l'empire d'une Religion fublime, qui prefcrit & perfectionne toutes les vertus morales. Par-tout il laiffe des marques de fa bienfaifance & de fon amour pour la Religion. Ici s'élevent des monumens (11) en faveur de l'indigence & de l'infortune ; on y multiplie les fecours d'une éducation d'autant plus néceffaire, que la pauvreté des enfans ne les conduit pas toujours à la vertu; & pour prévenir la négligence & l'avidité des parens, le fage Inftituteur affure des fecours à l'éducation du jeune infortuné,

C

& des ressources à la misere de son pere. Là s'érigent des Temples en l'honneur du Très-Haut; & le malheureux Cultivateur, épuisé par ses privations & ses fatigues, quitte sa chaumiere, va déposer dans le sein de la Divinité ses travaux & ses inquiétudes; il revient consolé; la paix s'empare de son ame, il n'en devient que plus laborieux. FRANÇOIS en servant sa Religion, a servi la Patrie & la société.

Si le Prince des Orateurs invoquoit l'éloquence des murs pour suppléer à la sienne, quels devroient être mes sentimens à la vue de cette enceinte qui nous contient ? N'annonce-

Hiſtorique.

t-elle pas la générofité de fon fondateur ? Ce Temple augufte (12) où l'on offre à l'Éternel les prémices de la Jeuneffe & les vœux des jeunes Lévites, que la ferveur embrafe de fes feux encore nouveaux, n'eſt-il pas un des beaux monumens que VANDERBURK ait pu élever à la gloire de l'Être Suprême ? On l'admire quand il ouvre le fanctuaire des Sciences; mais il mérite des hommages, quand il y introduit celui que la pauvreté en éloigne, & qui, condamné par le malheur de fa naiffance à l'obfcurité, ne peut faire éclater fes talens (13). Cet infortuné, qui jufqu'alors paroiffoit retranché du fein de la société, comme s'il étoit coupable ; flétri par l'indigence, comme si elle étoit un crime, ou la seule voie qui peut y conduire ; privé du droit de servir sa Patrie dans une classe éminente ; obligé, pour viser à la gloire, d'illustrer par ses talens & ses vertus une terre étrangere & peut-être ennemie ; cet homme n'est pas plutôt enveloppé de la splendeur du Prélat, qu'excité par cette protection généreuse & honorable, il prend son essor vers la gloire, il ose viser à l'estime publique, sans prétendre aux récompenses : & pour ne pas rester dans la classe ignoble où l'a réduit le malheur de ses aïeux, il épuife toutes les reffources du génie & de la nature, s'éleve au-deffus de fa fphere, & triomphe du malheur.

C'eft ainfi que l'Archevêque de Cambrai fçait honorer par fes bienfaits fon miniftere & l'humanité même, en arrachant des familles entieres à l'ignominie, dont elles feroient encore couvertes par la pauvreté de leur chef : c'eft ainfi que FRANÇOIS fçait tourner au profit de la Religion & de l'État, des talens qui feroient encore enfouis, des citoyens qui feroient peut-être criminels, parce que leurs peres étoient malheureux : c'eft ainfi qu'une faine philofophie, appuyée fur la bienfaifance évangélique, donne des leçons à la politique, déracine un préjugé barbare, qui, pour le malheur de l'humanité, à la honte d'un fiécle éclairé, condamne à l'obfcurité des milliers de victimes innocentes, qui n'ont d'autre crime à expier que la mifere de leurs peres. Puiffe l'exemple d'un Prélat fi bienfaifant, faire revivre une inftitution utile à la Religion, à la Patrie & à la fociété ! Puiffent les Rois de la terre expofer aux yeux de leurs nations affemblées, le tableau des hommes intéreffans, que la feule valeur a pu tirer de l'obfcurité ! Le fpectacle attendriffant de la vertu préconifée par

Historique.

un hommage public & folemnel, enflammeroit tous les cœurs d'un feu nouveau, franchiroit tous les obstacles qui s'opposent au bien public, & dissiperoit les suites malheureuses de l'égoïsme, aussi contraire au bonheur de l'humanité, qu'au vœu de la Religion.

O vous, dont les chants sublimes multiplient le triomphe de la vertueuse Rosiere, immortalisent son instituteur ! (14) O vous, dont les accens mélodieux célébrent le nom d'une Reine généreuse, qui cimente le bonheur de ses Sujets par les douceurs de l'hymen ! (15) Unissez vos voix à la mienne; préconisons les mêmes vertus : & fi nos chants ne peuvent ranimer la cendre de VANDERBURK, ils rappelleront le souvenir de ses bienfaits ; ils pourront peut-être entretenir le zéle des vrais amis de l'humanité, l'amour de la bienfaisance.

Tandis qu'un vaste Royaume dégénere de son antique vertu, il est une isle heureuse inaccessible aux traits de l'irréligion, insensible aux charmes des nouveautés : le Cambresis ne connoît d'autres loix que celles de son Roi, de la Religion & de l'honneur. Tandis que des jeunes personnes, qu'un sexe aimable & fragile paroît vouer à la pudeur & à l'honnêteté, sont formées dès leur

Historique. 57

enfance à l'art criminel de plaire & de séduire, par des êtres barbares que la nature à regret déclare leurs parens, & la raison leur plus cruel ennemi; transmettent à leurs descendans l'esprit d'indépendance & d'impiété, préparent de grands maux à la Religion & à la Patrie: Cambrai renferme dans ses murs un asyle précieux au sexe, où la vertu respire & la piété fleurit. Cent vierges, qui seroient peut-être les victimes d'une ignorance brutale, d'une indulgence barbare, ou d'une misere orgueilleuse, sont enlevées à leurs parens dès que la raison commence à les éclairer: l'éducation la plus heureuse préside à leur enfance : à l'abri de l'indigence & des malheurs de l'humanité, elles jouissent d'une paix solide & durable à l'ombre du sanctuaire, coulent des jours heureux sous l'empire de la vertu : la raison épurée par une Religion douce, insinuante & sublime, s'empare de ces cœurs que le vice n'a pas encore flétris, développe les germes heureux que la nature y inféra, éleve leurs sentimens, affermit le courage, inspire l'amour de la vertu, présente sans cesse le tableau de leurs devoirs, & rend ce code aimable & précieux. O VANDERBURK ! du haut des Cieux où tes bienfaits & la reconnoissance publique

Historique. 59
t'élevent, jette un regard fur le théâtre de ta bienfaifance! jouis du fruit de tes travaux! Vois ces meres de familles tranfmettre à leurs enfans ce précieux dépôt d'une éducation religieufe; c'eft un feu facré qui fe renouvelle fans ceffe, fe communique à tout ce qui l'environne, embrafe tout de l'amour de la bienfaifance & de la vertu. Il manquoit à la gloire du Vainqueur de l'univers, d'affocier à fes triomphes le Vainqueur des calamités publiques. Trop grand pour laiffer une partie de l'univers indomptée, trop fenfible pour voir fes lauriers flétris par les malheurs de fon peuple, LOUIS XIV a dévelop-
C 6

pé toutes les reſſources de ſa magnificence & de ſon vaſte génie, pour aſſurer aux Compagnons de ſa gloire une retraite digne des Héros François. Tandis que la gloire & la ſenſibilité du Monarque étonne l'univers, excite l'admiration & les applaudiſſemens de l'Europe, une affreuſe perſpective ſe préſente à ſa vue; il voit les enfans de ſes braves Guerriers, à qui le ſexe interdit la profeſſion des armes, privés d'une fortune ſacrifiée pour la défenſe de la Patrie, deſſécher loin du lit nuptial, ou contracter une alliance qui ſouillera la pureté d'un ſang verſé pour la gloire du Roi, le ſalut du Peuple; il

Historique. 61
croit voir un fleuve majeſtueux qui a rompu ſes digues, ſe diviſe en mille petits ruiſſeaux, ſe répand au loin ſur un limon fangeux, ſe perd ſans gloire & ſans honneur. LOUIS connoît tout ce qu'il peut eſpérer d'un ſexe, auſſi fécond en reſſources qu'il eſt tendre, aimable & impérieux : une Maiſon brillante s'éleve ſous ſes yeux, renferme les dignes rejettons des Héros, entretient ce beau feu de la gloire, prépare des conquérans aux générations futures. Chaque Éleve, en quittant une école ſi brillante & ſi utile à l'éducation, peut contraƐter, ſous les auſpices du Monarque & de la Nation, une alliance

digne de la gloire de ses ancêtres & de la pureté de son sang.

C'est alors qu'on voit cette Épouse, formée dès son enfance à l'amour de la gloire & de la vertu, développer toutes les richesses d'une éducation cultivée, retenir son Héros par ses larmes, & l'engager plus fortement aux combats par ses discours. Tandis que son Époux, fidèle à ses engagemens, ne soupire qu'après la victoire, affronte les dangers dans le champ de Mars, pour déposer ses lauriers aux pieds de sa compagne ; cette Mere généreuse éleve ses Enfans à l'ombre de son habitation paisible, leur expose la noblesse de

Historique. 63

son origine, raconte les exploits de ses aïeux, enflamme ces jeunes cœurs de l'amour du Roi & de la Patrie : tout brûle d'amour pour la gloire & la vertu. Tel est le privilége de la bienfaisance ; il suffit de la montrer aux hommes, son éclat ravit & entraîne. LOUIS veut donner un nouveau lustre à sa gloire, en élevant des monumens inconnus à l'éducation : mais si VANDERBURK n'eût donné le signal, & n'eût laissé au premier des Conquérans le code précieux d'une institution utile à la Religion & à l'humanité, LOUIS eût-il formé pour le sexe un Établissement qui sert en même temps l'humanité, la Religion, sa propre gloire, & la splendeur de ses États ? Les Nations étrangeres, celles-mêmes qui passoient pour barbares, marcheroient-elles sur les pas de Louis ? Si Vanderburk ami des malheureux, ne s'étoit réduit au plus étroit nécessaire, pour former dans le sein de la Religion, des meres vertueuses, des citoyens & des hommes ; Louis eût-il si heureusement employé les ressources de son Royaume, pour s'attacher la Noblesse par de nouveaux bienfaits, & former des Héros par le moyen de celles qui ne peuvent l'être ? Si Vanderburk n'eût offert un asyle à l'indigence en fondant la Maifon de Sainte Agnès, la Maifon de S. Cyr feroit-elle ouverte à la nobleffe?

Eh quoi! pour célébrer le nom de Vanderburk, voudrois-je affoiblir la gloire de Louis? Ah! puiffent les lauriers dont il a couvert toute la France; puiffent les monumens élevés à fa gloire, écrafer l'ingrat qui ne rendroit hommage à fa bravoure & à la fenfibilité de fon cœur! Mais périffe auffi l'ingrat qui jouit des bienfaits de Vanderburk, & ne rend pas hommage à fa mémoire. O Louis! ô Vanderburk! ô vous, dont les noms font fi chers au Cambrefis, puiffiez-vous être gravés dans le

cœur de tous les François !
Puiffions-nous être embrafés
du beau feu qui vous confu-
moit !

Mais pourquoi l'homme vertueux n'eft-il pas immortel
comme la vertu ? Pourquoi
l'ingratitude eft-elle univer-
felle ? Que l'envie ceffe d'ai-
guifer fes traits, & les hommages dûs à la vertu feront moins
tardifs. Si moins occupé du
fentiment de fa douleur, que
du defir de faire des heureux,
& du regret de laiffer des infortunés à foulager, FRANÇOIS
expire; fa mort eft un triomphe, & la fuperbe antiquité
peut en offrir à peine un plus
pompeux. Des milliers de Ci-

Historique. 67

toyens rendus à la Patrie, à la société, à la nature, à la Religion ; une Province entiere arrachée aux plus grands malheurs ; un Monarque impérieux obéissant à ses loix, voilà ses conquêtes : les horreurs de l'anarchie & de la division, la prostitution & la débauche, l'ignorance & l'impiété, voilà les captifs qu'il conduit en triomphe : les gémissemens qui s'élevent de toutes parts, les larmes de ceux qui l'environnent, la douleur universelle que sa mort excite, voilà les hommages qu'on lui rend.

Un Prélat respectable, ami des mœurs & de la bienfaisance (16), franchit l'intervalle de temps & la distance des lieux ; rend à son Église les restes d'un Époux, dont la perte fut si sensible, si long-temps pleurée. Vertueux lui-même, il soutient le spectacle d'un homme vertueux, rend hommage à sa mémoire, & n'envie pas les honneurs dont sa tombe est décorée. C'est à la porte de son Palais, qu'il fait déposer les cendres précieuses du Restaurateur des mœurs & du bonheur public : un monument durable enveloppe ces mânes respectables, sauvera sa mémoire du nauffrage des temps, annoncera ses bienfaits & ses vertus aux générations futures. L'ombre auguste & sacrée d'un

Prélat pere de fon peuple, ami de l'humanité, obfédera la demeure des Évêques, les rappellera toujours à leurs obligations, ou les tourmentera par les remords les plus cuifans.

O jour mémorable, où le premier fignal de la Tranflation fit éclater la reconnoiffance publique! Les Habitans du Cambrefis font dans une efpece d'ivreffe, & couvrent la campagne : chacun veut aller au-devant de ce dépôt facré : on regarde les monumens confacrés à la bienfaifance : on admire ces murs antiques qui bravent les outrages du temps, & fe releveront par les largeffes d'un homme qui n'eft plus. Ici, dit la mere à sa fille, ici, le bon Archevêque assura des secours à votre éducation, à notre indigence, à nos infirmités, à nos infortunes : là, ce bon Pere consoloit nos parens, visitoit leurs pauvres chaumieres, soulageoit leur misere, & pleuroit avec eux : là, ce bon Archevêque mettoit la paix dans les familles, instruisoit les enfans, faisoit rebâtir ces maisons & ces églises brûlées par les ennemis : le laboureur quitte son habitation paisible, regarde avec satisfaction ses champs fertiles, autrefois dévastés & arrosés du sang de ses peres ; il veut rendre hommage au Bienfaiteur commun : les travaux inter-

Historique.

rompus comme aux jours des fêtes : la pompe de la mort, qui n'a plus rien d'effrayant : un murmure fombre & religieux, le fon des inftrumens & des cloches, le cliquetis des armes : des chants lugubres, des acclamations publiques : tout infpire des fentimens de joie mêlés d'une fecrette horreur ; tout infpire la confiance, excite l'admiration ; tout échauffe les paffions, tout force le fentiment d'éclater. On admire fa vie, on pleure fa mort, on jette des fleurs fur fa tombe : chacun bénit la mémoire d'un Homme fi précieux, le Bienfaiteur de l'humanité ; & dans l'enthoufiafme de la reconnoiffance publique, on prodigue aux cendres d'un Homme vertueux, des honneurs que la pompe orgueilleuse des Grands peut à peine arracher du devoir, & n'obtient jamais de la nécessité. Voilà des faits intéressans, que les Historiens ont méconnus ou méprisés, pour célébrer l'histoire des passions & du malheur : voilà des faits que l'éloquence a dédaignés, pour nous entretenir des fureurs des combats, des crimes heureux de la victoire.

O Province du Cambresis ! une douleur profonde a pénétrée tes enfans, quand la mort leur enleva le Cygne de Cambrai : les Orateurs se disputoient

toient à l'envie la gloire d'immortalifer le nom de Fénelon: (17) le centre des lumieres a deftiné le prix à l'Écrivain qui fçauroit apprécier fon génie & célébrer fes vertus. En un Royaume floriffant, où le Prince & le Peuple érigent, à l'envie, des autels à la bienfaifance, les bienfaits de Vanderburk ne pourroient-ils pas exciter la flamme du génie & la fenfibilité du cœur vertueux ? Mes foibles efforts pourroient-ils apprendre qu'il fut un Homme bienfaifant, dont la mémoire n'eft confignée que dans fes bienfaits & dans le cœur des ames reconnoiffantes, qui répéte à bien des titres les traits majestueux de l'éloquence, la sublime impartialité de l'Historien ? En un séjour, où sans le secours de la Religion & des sentimens, le feu de l'ambition, la perfection de l'intrigue & le raffinement de la politique, pourroit donner au crime l'air de la vertu, cacher même des atrocités sous l'enveloppe sacrée de la probité, de l'honneur & de l'amitié; Fénelon offroit un spectacle bien attendrissant, l'heureux assemblage d'une simplicité sublime du génie & des vertus : En un temps de barbarie, où les Habitans du Cambresis, presqu'anéantis par la férocité des combats & les malheurs de toute espece, ne respiroient que la mort & le désespoir, VAN-DERBURK étonna la Province par ses lumieres, sa douceur & sa bienfaisance. Sur un théâtre élevé, Fénelon découvroit toute la France, &, du sein de la Cour la plus brillante, formoit l'Héritier du Trône à la vertu, pour donner un Pere à tout un peuple, un Roi digne des François; assurer sous l'empire de la Religion le bonheur de sa Patrie, & réparer les malheurs de tant de conquêtes: VANDERBURK relégué dans sa Province, y répand des connoissances utiles, adoucit les mœurs par la bienfaisance évangélique, forme une génération nouvelle, aſſure le bonheur d'une Province, prépare des Sujets dignes des douceurs de la paix, & d'être commandés par les Bourbons. Les écrits de Fénelon ſont les dépoſitaires de ſes maximes précieuſes à la Religion, à l'État, à l'humanité, ſi néceſſaires aux Princes : VANDERBURK a conſigné dans les monumens de ſa bienfaiſance les témoignages authentiques de ſon génie & de ſes vertus ; par ſes bienfaits, il impoſe des loix au premier des Vainqueurs : & ſi Fénelon forme un Prince à l'art difficile de régner, VANDERBURK apprend ſon Peuple à reſpecter ſon Roi, ſervir ſa Patrie, aimer sa Religion, obéir. Fénelon n'a jamais souillé ses malheurs par des foiblesses, & ne montra jamais plus d'héroïsme que dans ses humiliations (18), fruit amer d'une sensibilité extrême, & de son attachement pour le Roi : si, pour arriver au comble de l'héroïsme, il manque à M. DE VANDERBURK d'avoir été malheureux pour ses vertus, outragé dans ses bienfaits, il a du moins la gloire d'avoir subjugué la fortune par ses privations, asservi toutes les calamités par son génie & ses largesses, triomphé de la foiblesse humaine & des persécutions, parce qu'il sçut braver les coups du sort, mépriser les revers, & rester constamment au-dessus du malheur.

Qu'il est doux de comparer Vanderburk & Fénelon, c'est-à-dire, le génie guidé par la vertu, & la vertu dirigée par le génie ! Qu'il seroit consolant pour moi de célébrer un Prélat qui réunit ces deux phénomenes, le Prince vertueux, le Prince bienfaisant, l'ami des malheureux, le protecteur de la Religion, qu'on admire sur le Siége de Cambrai ! Mais par quelle fatalité ne puis-je permettre un libre essor à ma reconnoissance, appanage inaliénable des cœurs sensibles ? Pourquoi ses bienfaits rendroient-ils son éloge suspect en ma bouche ? Ah ! je serois inconsolable, s'il n'étoit gravé dans le fond de tous les cœurs.

F I N.

NOTES HISTORIQUES

SUR LA VIE

DE M. VANDERBURK.

(1) LA Maison de VANDERBURK étoit des plus distinguées de la Flandres au douzième siécle, & depuis s'est constamment alliée aux familles les plus illustres de la Province, telles que celles de Ghistelles, Hallevin, Bailleul, Hontschotte, Clarhout, Griboval, Courtroisin, Banis, Fontaine-la-Barre, Mouscron, Polinchove, Curteville, Herselles, la Marck, Wultberghe, Gruutere, Lens, Cabilliau, Créquy, &c. En 1238, Jean Vanderburk, en récompense de ses services militaires, reçut plusieurs priviléges des Comtes de Flandres. Guillaume Vanderburk en 1320 signa le Traité de paix entre Philippe-le-Bel & Robert de Béthune, Comte de Flandres. Guillaume fut déclaré ancien Chevalier.

En 1369, Jean IV, Comte de Montfort, Duc de Bretagne, surnommé le Conquérant, voulut récompenser les services de Pierre Vanderburk, Gentilhomme de la Chambre de Louis de Male, Comte de Flandres; & lui accorda, comme il avoit fait auparavant aux Maifons de Pelinchove, de Roubais & de Calonne, le droit de porter les hermines, qui font les armoiries de Bretagne. Cette nouvelle marque de diftinction ne fit qu'irriter l'ardeur de ces braves guerriers, & depuis on les a toujours vu fe diftinguer dans les expéditions militaires, avec les Seigneurs de Croy, de Mailly, de Béthune.

En 1408, l'armée de Jean Duc de Bourgogne, admira le courage de Wifcard Vanderburk.

En 1421, Pierre & Jacques Vanderburk fe fignalerent à la fuite de Philippe-le-Bon, Duc de Bourgogne & Comte de Flandres. Pierre Vanderburk étoit Chevalier de Jérufalem.

En 1620, Jacques Vanderburk IIe du nom, mourut glorieufement à Prague, après s'être diftingué dans les guerres de Hongrie, & obtenu le grade de Lieutenant-Colonel.

Pierre de Vanderburk, Colonel d'infanterie & de cavalerie, porta les armes en Hongrie, & prit alliance dans la Maifon de Griboval.

Adrien Vanderburk, aïeul de l'Archevêque, fut employé dans plufieurs négociations importantes en Flandres, en Efpagne, en Angleterre, & donna par-tout des preuves fignalées de fon adreffe dans le maniement des affaires, de fa prudence & de fa valeur. Sa conduite & fes talens l'éleverent à la charge de Préfident du

Grand-Conseil de Flandres. Les soins qu'il se donna pour conserver la paix dans la Flandres, & faire rentrer les Hollandois dans l'obéissance ; la fermeté, la sagesse qu'il montra pendant les troubles occasionnés par les guerres des Pays-Bas, la douceur de ses mœurs, son zéle pour le service de son Prince, lui mériterent la considération de tous les partis, & la confiance du Roi Catholique Philippe II. A l'âge de vingt-un ans, il épousa Marguerite Diacetto de Florence, fille de Camille Diacetto, des Comtes d'Aquins, desquels est sorti le Docteur saint Thomas. Adrien fut presqu'aussitôt Président du Conseil de Flandres, Conseiller d'État, Garde des Sceaux de l'Empereur Charles-Quint & du Roi Philippe son fils, dont il fut chargé de négocier le mariage à Londres en 1554 avec Marie Reine d'Angleterre. Il mourut au service de son Prince ; & son fils Jean Vanderburk vint apporter le cœur de son pere à sa mere qui étoit alors à Bruges.

La Maison de Diacetto, très-ancienne & très-distinguée dans la Toscane, y est alliée depuis plus de huit cens ans aux plus illustres familles, comme celles d'Albini, Magalotti, Doni, Rucellai, Ricasoli, Acciaoli, Bardi, Perusi, Barbadori, Pazzi, Capponi, Gondi, Salviati, Corsini, Gaddi, Martelli, Princes de Farneze, Médicis, Aquaviva, Gonzague, Bentivoglio, Trivulce, Arragon.

La Maison de Diacetto tire son origine

NOTES.

des anciens Ducs de Normandie par Robert, fils de Guillaume & frere de Richardi, premier du nom, Duc de Normandie. Robert eut pour appanage le Comté d'Eu. Il fut le premier qui porta en Italie le nom d'Eu défigné par Acetto, ce qui fignifie la même chofe qu'*Eu* en françois : le nom s'étant corrompu, au lieu d'Acetto, l'on a dit Diacetto. Robert, Comte de Sicile & beau-pere du Prince Robert Comte d'Eu, fe trouve nommé Diacetto dans plufieurs actes de fondation.

Lambert Vanderburk, frere de Jean chanoine de fainte Marie à Utrecht, compofa l'Hiftoire des Ducs de Savoie, des Comtes de Flandres.

M. de Vanderburk, pere de l'Archevêque de Cambrai, Comte d'Auberfard, Seigneur d'Efcauffines, Héraufontaine, Quéveld, &c. Gentilhomme de la Bouche de l'Archiduc Ernefte d'Autriche, Gouverneur des Pays-Bas, fe fit aimer & admirer par la douceur de fes mœurs, la fageffe de fa conduite, & les fervices qu'il rendit à fa patrie, étant Chevalier d'honneur de la Cour fouveraine de Mons, Adminiftrateur du Comté du Hainaut ; en cette qualité fit publier l'an 1619 les loix, coutumes & droits municipaux de la Province du Hainaut. Sa mort qui fut publique le 20 Octobre, excita les regrets des Grands & du Peuple : ces fuffrages, fi difficiles à réunir, font le plus bel éloge de M. de Vanderburk, pere de l'Archevêque de Cambrai. Un sang si pur & si beau ne dégénere pas la Maison de Vanderburk, soutient l'éclat de son nom, jouit de nos jours de la considération que la naissance & la vertu méritent à tant de titres : la bienfaisance est héréditaire en cette famille.

(2) François de Vanderburk est né le 26 Juillet 1567. L'époque de sa naissance rappelle tous les maux que causerent les Iconoclastes : les ravages qu'ils exciterent alors dans la Flandres, pourroient former une Histoire très-intéressante ; mais il suffit d'observer que le pere de M. de Vanderburk jouissoit d'une si grande réputation de religion & de probité, que ces Hérétiques ne connurent point d'ennemi plus redoutable, attenterent plusieurs fois à sa vie, le firent jetter dans une prison obscure, pillerent sa maison, lui enleverent la plus grande partie de ses biens. M. de Vanderburk alloit succomber, lorsque le Duc d'Albe à la tête de son armée vint le secourir & conserver une tête si précieuse à la Religion & à l'humanité. La jeunesse de François ne le mit pas à l'abri des cruautés que les Hérétiques ne cessoient d'exercer envers les Catholiques. Les profanations que ces impies commettoient dans les temples, les persécutions, les outrages, les violences dont cet enfant fut le témoin, enflammerent son zéle, exciterent cette sensibilité religieuse qui le caractérisa depuis. Cet enfant précieux alloit expirer

à l'âge de cinq ans, martyr de fa religion & de fa bonté naturelle, fi, deftiné par l'Être Suprême à fauver un grand peuple, il n'eût été fauvé lui-même par un événement qui tient du merveilleux. Quelques perfonnes fenfibles le virent fufpendu par les pieds ; & rendant le dernier foupir, elles percerent la foule, arracherent des mains des barbares cette victime innocente qu'on immoloit à la fureur, ou plutôt aux remords d'une confcience, qui ne pouvoit plus fupporter les reproches éloquens de cet enfant prédicateur.

Le feu de la perfécution qui paroiffoit abfolument éteint depuis fept ans, devint plus actif l'an 1580. M. de Vanderburk ne fut pas épargné ; fa maifon brûlée, fes biens ravagés, tout lui annonçoit une mort prochaine. Une fuite précipitée le mit à l'abri du danger. Sa femme ne put le fuivre, & demeura prifonniere, facrifia les débris de fa fortune, fut même obligée de recourir à la générofité de plufieurs perfonnes bienfaifantes pour acheter fa liberté, & conferver à grands frais une vie languiffante. C'eft dans ces conjonctures malheureufes, que François fe retira vers M. Lambert Vanderburk fon oncle, Doyen de la collégiale d'Utrecht. Cet homme, d'un mérite diftingué, feconda les heureufes difpofitions de fon Éleve, encouragea des talens qui fe développoient fous fes yeux, entretint fur-tout cette ardeur pour le travail qu'on admira dans la fuite,

& le mit en état d'exceller à Douai, où il fit un cours de Philofophie, & commença fon Droit, qu'il acheva à Louvain ; fut élu deux fois Doyen des Bacheliers ; & le célebre Henri Cuick, Évêque de Ruremonde, lui prodigua des éloges extraordinaires, en lui donnant la bénédiction de licence.

(3) La modeftie de M. de Vanderburk étoit pouffée au dernier période ; elle lui fit refufer un canonicat de la cathédrale de faint Lambert, que l'Évêque-Prince de Liége lui propofa. Le feul defir d'être utile à l'Eglife lui permit d'accepter une Commiffion de Vicaire-Général de Mathieu Molard, Evêque d'Arras. La réputation qu'il s'acquit dans cette place, le fit confidérer de toute la Flandres. La dignité de Doyen & de Vicaire-Général de Malines, flattoit peu fon ambition, & n'accepta ces deux places que par déférence pour les ordres de fon pere, qu'il refpectoit comme l'image de la Divinité. Quelques jours après la mort de cet homme refpectable, M. de Vanderburk, pour fe livrer à cette dévotion tendre & affectueufe qui l'anima toujours pendant le cours de fa vie, forma le projet de renoncer à toutes les dignités, & fe contenta d'un canonicat de la collégiale de fainte Waudru de Mons. Plus il travailla à l'exécution d'un projet fi rare, plus on le follicitoit de continuer les fonctions de Vicaire-Général & de Doyen

de la cathédrale de Malines, dont il s'acquittoit à la satisfaction de tout le monde. L'Archiduc Albert apprit son dessein avec peine; & la mort de l'Evêque de Gand lui fournit l'occasion de manifester son amour pour la Religion, & son estime pour M. de Vanderburk.

(4) On ne sauroit exprimer la douleur qu'éprouva M. de Vanderburk, lorsqu'il apprit que l'Archiduc avoit jetté les yeux sur lui, pour le faire succéder à l'Evêque de Gand; & cet homme généreux, qui cherchoit dans la retraite un asyle à sa vertu, ne put envisager cette nouvelle dignité sans frémir; la fuite seule paroissoit lui offrir le moyen de se soustraire aux sollicitations; & il en seroit venu à cette extrémité, si le Pape Paul n'avoit appuyé de son autorité les représentations vives & touchantes de l'Archevêque de Malines, de l'Archiduc. L'humilité de M. de Vanderburk, puisée dans la Religion & fondée sur des connoissances extraordinaires, n'étoit pas opiniâtre, & ne servoit pas de voile à un orgueil rafiné, qui se plait dans les ténèbres. Aussi dès que le Chef de l'Eglise eut donné le moindre signal, on vit cet Enfant docile, loin du trouble & de la dissipation, voler dans la solitude, y consulter son Dieu; sortir du désert comme un autre Moïse rempli de l'esprit du Seigneur, animé d'un zéle ardent pour sa gloire & le salut de son nouveau peuple;

confommer un grand facrifice, exciter les larmes des affiftans qui étoient venus des villes étrangeres. Une époque fi heureufe pour la Religion & l'humanité, fut confervée par ces deux chronographes latins, fuivant l'ufage :

saCra qVInqVagesIMa : DIe beneDICtIo tVa sIt sVper nos seMper. 1613.

L'événement confirma le préfage, & répondit aux acclamations du peuple entier, dont le fuffrage n'eft équivoque que quand il eft le fruit de la féduction ou de l'intrigue.

(5) L'activité de M. de Vanderburk ne connoiffoit d'autres bornes que celles de la prudence. Les fatigues de l'Epifcopat paroiffoient être fon élément. Le diocéfe de Gand reffentoit à chaque inftant les influences de fon nouveau Prélat. Toutes les Paroiffes encouragées par des vifites fréquentes, les Sacremens adminiftrés, la difcipline refferrée, les mœurs épurées, la Jeuneffe éclairée, les Miniftres dépofés ou affermis, firent prendre une forme nouvelle au diocéfe ; & pour immortalifer la fageffe de fes réglemens, l'Evêque de Gand réuniffoit les plus éclairés des Pafteurs dans les villes & les campagnes, profitoit des connoiffances qu'une longue expérience avoit pu leur procurer ; & ces traits de lumiere ainfi réunis, formerent un corps de loix Eccléfiaftiques, d'autant plus pré-

NOTES.

tieux & fage, que, fondé fur la connoiſſance du cœur humain, ne refpiroit que la charité, la religion & le bonheur des hommes.

(6) Cette expreſſion parut trop forte à certaines perſonnes. Je crois ne pouvoir mieux la juſtifier, & diſſiper tout ſoupçon de flatterie, qu'en rapportant une partie des Papes, Cardinaux, &c. qui ſont ſortis de ce Chapitre.

PAPES. François Picolomini, ſous le nom de Pie III. Pierre Roger, Grégoire XI. Jacques de Sabello, Honoré IV. Nicolas Bocafin, Bénoît IX.

CARDINAUX. Jean de Napolitain, Jean de Brongnier, Guillaume d'Enchavoorde, Amédée de Saluces, Jean Rolin, Guillaume de Braye, Arnald de Canteloup, Rainier Le Roux, Guillaume Le Juge, Pierre de Luxembourg, Anglic de Grifac, Antoine Perrenot, Guillaume de Champagne, Pierre Accotti, Paul Cœfius, Richard de Hannibal, Profper Columna, Néapulon des Urfins, Pierre.... dit *de Cambrai*, F. Cenfius Sabellus, Jean Cioletti, Jean Blanfac, Pierre de Sarcenas, Pierre de Collemieu, Jean-Jacques de Dormans, Guillaume d'Arfeuille, Ferry de Clugny, Chriftophe Madruccius, François Borgia, Pierre Ifnalies, Pierre-Antoine Forrerius, Jean-Nicolas Michel, François-Guillaume de Clermont, Guillaume Alan, Othon d'Alerano, Hugues de Belhomme, Louis de Bar, Etienne de

Montbéliard, Henri de Suze, Etienne de Varelles, Gentil de Machios, Jean des Comtes, Ancher de Troyes, Pierre de Columna, Nicolas Pâris, Watier...., Pierre de la Chapelle, Léonard de Guerchin, François Néapulon, André Ghini, Jean de Murol, Pierre Itier, Pierre de la Foreſt, Guillaume Le Blanc, Thomas....; Gui de Montfort, Andoin-Albert de Limoges, Bernard du Boſquet, Pierre de Foix, Jean de Grollaye, Jean de Balues, Philibert Hugonnet, Jean Le Jeune, Guillaume Fillaſtre, François de Sabello.

ARCHEVÊQUES & EVÊQUES. Liébert, Ponce de Balmey, Wautier de Sercy, Humbert de Baugé, Godefroy Le Roux, Samſon de Mauvoiſin, Normand Douvé, Saibrand-Chabot, Guy de Noyers, Aymard Carbonnelly, Michel de Corbeil, Jean d'Antoing, Thierry de Bar, Simon de Limbourg, Guy de Vergi, Robert de Chatillon, Guillaume du Perche, Henri de Dreux, Guillaume de Sellenay, Amédée de Rouſſillon, Bernard de Caſtanet, Gilles Manclat, Henri de Rarone, Elie de Ventadour, Pierre Barbet, Bouchard Le Dain, Bertrand de Saint-Denis, Odon d'Orbeſſan, Pierre de la Châtre, Bernard de Saint-Sauve, Frumolde Leplat, Raoul de Bourbourg, Girard de Pigalotti, Raoul de Neuville, Guy de Collemede, Guatier Cornu, Arnalde de Tartas, Raoul de Torote, Bernard de Fargès, Pierre de Collemede, Jean de Montforeau, Jean de

NOTES.

Melun, Goffon des Granges, Watier de Marvis, Grégoire Napoli, Jean d'Eppe, Guillaume de Hainaut, Jean de Meulant, Pierre de Laval, Arnald de Guillaume, Guillaume Lemaire, Pierre d'Auxy, Jean de Chatillon, Hugues de Chatillon, Charles de Poitiers, Pierre Mazoer, Jean Faiditi, Henri d'Afpremont, Jean des Colombes, Pierre Aifcelin, Hugues Fabry, Jean de Saint-Juft, Gérard de Montagu, Enguerrand Benaifton, Gérard de Montcornet, Pierre Gromet, Gérard de Gifors, Jean Pafté, Berthold de la Chapelle, Aymar de Monteil, André Fredoly, Geoffroy de Rochefort, Raimond Saquet, Albert de Roye, Jacques Arondelli, Jean de Champuens, Aimon de Coffonney, Philippe du Bois-Gilloud, Jean des Prez, Raimond Dragon, Bauduin de Collemieu, Jean Chevrier, Bernard de Calmiato, Guillaume de Loghenare, Jean de Rouci, Pierre du Vivier, Jacques d'Oufthorn, Guillaume d'Andoirs, Louis d'Erquerry, Jean Pochon, Jean Tabarini, Thibaut de Meaux, Armand Janferand, Pierre de Hallus, Robert de Lorris (*a*), Jean de Mello, Thomas d'Eftouteville, Pierre de Dinteville, Pierre Mazuerius, Guillaume de Crevecœur, Gaufride de Barro, Ma-

---

(*a*) Que quelques-uns ont mal-à-propos confondu avec Robert d'Oftrel, puifque ce dernier eft mort Prévôt du Chapitre le 16 Juin 1498 ; tandis que l'autre eft mort à fon évêché de Forly, province de Flamine, à la fin du quatorziéme fiécle.

thieu de Rainengem, Philippe de Sainte-Croix, Guillaume Bertrand, Bernard de Fargis, Guillaume de Beaujeu, Gisbert de Jean, Gervais de Belleau, Henri le Barbu, Jean de Dieſt, Jean de Mureuil, Louis d'Orléans, Pierre d'Ailly, Gérard de Douchy, Michel de Breſche, Bartholomé de Mantoue, Jean Serclaes, Nicolas de Veris, Petrus Beraldi, Jacques de Condoſe, Arnaud de Via, Martin de Salege, Jean de Norry, Guillaume Le Tort, Hugues de Montauri, Nicolas Habert, Jean de Pingon, Charles de Luxembourg, Jean de Montmirail, Jean de Moniſſart, Pierre Ranchicourt, Jean d'Amboiſe, Guillaume Turpin, Guillaume de Ferrieres, Jean Poupet, Jean Chevrot, Jean Habert, Pierre de Marcilly, Jean de Laporte, Henri de Sueve, François Buiſſeret, Euſtache de Croy, Jacques du Chaſtellier, Quentin Menard, Ambroiſe des Vicomtes, Jean Simon, Jacques de Croy, Michel des Bouilliers, Guillaume de Croy, Jean Fleury, François de Melun, Jean de Lorris, Guy Bernard, Guillaume Marafin, Jean du Vivier, Jean d'Eſtampes, Nicolas de Ruyſtre, Denis de Montmorency, Jean Carondelet, Jean Avantage, Pierre Le Neveu, Henri de Savoiſi, Jean de Caſtelnau, Paſcal de Vaux, Georges de Baden, Hugues de Cayeu, Elie de Pompadour, Gisbert de Brederode, Guillaume Nicolaï, Guillaume de Clugny, Raoul Rolland, Guillaume Brillet, Jean Petri, Pierre Barbo,

NOTES. 93

Mathieu d'Avelly, Jean Milet, Landulphe Maramaure, Jacques Castellar, Jean Tronson, Etienne Morel, Claude de Blandanco, Pierre Boudot, Richard-Paul Stravius, François Riviere, Charles de Croy, Guibert d'Ongnies, Antoine Olivier, Maximilien Vilain, Philippe de Bourgogne, Eustache de Croy, Pierre Voorst, Louis de Berlaimont, Engelbert des Bois, Andouen Ludovisio, Antoine Puccius, Hugues de la Chapelle, Pierre Van-Voorst, Jean-François de Robles, André Creusen, François de France, Jacques de la Torre, Pierre Lombard, Paul Boudot, Lancelot Jonart, Philippe Cospeaux.

Il étoit si ordinaire de voir sortir des Évêques & Prélats supérieurs du Chapitre de Cambrai, que plusieurs Chanoines, quoique nommés à des Prélatures, préféroient leur premier état. Ladislas Jonart, nommé successivement à l'évêché d'Arras & de Saint-Omer, donna des preuves de cet attachement extrême au Chapitre de Cambrai.

(7) Pharamond avoit jetté les fondemens de sa Monarchie, en captivant le cœur des Francs par le courage de ses aïeux, par sa valeur extraordinaire, & la sagesse de ses loix. L'autorité suprême lui fut confiée dès l'instant qu'élevé sur un bouclier, il reçut le serment de fidélité; ce qui étoit encore en usage, lorsque

NOTES.

Clovis Ier fut proclamé Roi de Cologne & de Cambrai : mais la mort l'empêcha de perfectionner son entreprise. Clodion exécuta les projets de son pere, s'empara de Cambrai après une bataille, où cinquante-trois mille hommes périrent ; y fixa le siége de son Empire : & pour marque de sa plus importante conquête, il prit le nom de Roi de Cambrai, & y fut inhumé l'an 448, comme il l'avoit demandé, pour témoigner son attachement à ce Royaume naissant.

Childeric élevé parmi les soldats, & d'un courage à l'épreuve, donnoit des espérances flatteuses : mais séduit par l'éclat de la Couronne, il changea bientôt, méprisa l'amitié des Grands, l'attachement des soldats, le respect du peuple ; se plongea dans un libertinage affreux ; n'employa son autorité & ne foula ses Sujets par des impositions extraordinaires, que pour fournir à ses débauches. Il fut détrôné par ses propres Sujets. Aussitôt que Childeric fut remis en possession de ses états, à la faveur de quelques Princes & de ses propres Sujets qui gémissoient sous le joug de la tyrannie, Rangtcaire fut chassé du Royaume de Cambrai, dont il s'étoit emparé, comme descendant de Clodion. Ses cruautés, ses débauches, le rendirent si odieux au peuple, que Childeric le massacra lui-même, à la grande satisfaction des Seigneurs & des soldats. Avec Rangtcaire finit le Royaume de Cambrai.

NOTES.

Cambrai soumis aux Romains, après avoir donné des preuves signalées de son courage, força ses vainqueurs à respecter sa valeur, honorer ses vertus, & soutenir la gloire de ses murs. Cette ville habitée par les Proconsuls, étoit remarquable par son Capitole, un Amphithéâtre, un Aqueduc, des Souterrains merveilleux, & tous les ornemens dont la majesté Romaine avoit pu la décorer. Comme cette ville étoit alors le boulevard de l'Empire, le théâtre de ses conquêtes, la principale colonie de ses troupes, elle fixa les attentions de Jules-César, qui lui accorda les priviléges dont jouissoient les premieres villes d'Italie. Mais si Cambrai parut l'objet des affections Romaines, par ses droits, son éclat, sa pompe, la magnificence de ses jeux & de ses spectacles ; elle éprouva toutes les vicissitudes de la fortune, fut réduite en cendres par les incendies qu'allumerent ses ennemis & ses propres Habitans, en 882, 930, 1029, 1064, 1099, 1148.

L'an 854, un tremblement de terre renversa les tours les plus élevées de la ville, les maisons voisines, & les grands édifices. En 1001, une commotion aussi violente, porta la frayeur au sein du Cambresis, ébranla toute la Province, & ruina plus de huit cens familles.

Quand M. de Vanderburk fit son entrée solemnelle à Cambrai, la ville de Mons étoit attaquée de la peste. Les

Habitans de cette ville refpiroient encore un air corrompu, & le communiquoient au Cambrefis. La pefte porta la confternation, la douleur & la mort jufques dans le fein de Cambrai, y fit périr dix-huit mille perfonnes dans les fix derniers mois de l'année 1596, au rapport de Grammains. De tels malheurs n'avoient pas été inconnus jufqu'alors à cette ville infortunée. Elle éprouva un fort plus rigoureux en l'année 1519, & vit expirer dans fon enceinte dix-neuf mille citoyens, feize cens fix mois après, & deux mille l'année 1520. Les années 1514 & 1515 ne furent pas moins fatales au Cambrefis: la pefte fit beaucoup fouffrir les Habitans de cette Province en 1437, & enleva prefque tous les Prêtres.

L'an 1402 & l'an 1380, la ville de Cambrai fe trouva dépeuplée. En 1347 elle excitoit la compaffion des Provinces voifines, qui virent cette ville changée en un vafte tombeau; dix-huit mille hommes furent les triftes victimes de cette pefte opiniâtre. En 1315, felon Gélic & Buzelin, cette ville perdit quinze mille perfonnes; ceux qui fuyoient leur patrie ne trouvoient pas un afyle plus heureux dans les villes de la Flandre: Anvers perdit cinquante mille ames; Bruxelles, trente-fix, & les autres villes à proportion. En 1129, ce cruel ennemi vint encore lancer tous fes traits contre le Cambrefis. L'an 1094, dix-huit mille perfonnes y payerent le tribut.   Les

NOTES.

Les années 1036 & 1047, devroient être retranchées de nos Annales, tant elles inspirent d'horreur. La ville de Cambrai étoit couverte de cadavres ; les cimetieres de la ville ne suffisant plus au nombre prodigieux des morts, on voyoit des fantômes multipliés creuser hors la ville une sépulture qui, peu de jours après, devenoit la leur.

L'an 1008, un feu sacré consuma huit mille personnes, & dix mille l'an 1006. C'est alors que la nature même parut avoir perdu tous ses droits. Le fils ne fermoit plus les yeux de son pere, en recueillant son dernier soupir ; il auroit pris le germe de la corruption. La Religion ne faisoit plus entendre sa voix. Cette indifférence universelle, qui avoit resserré tous les cœurs & banni toutes les vertus morales, avoit altéré toutes les facultés de l'ame. On étoit insensible, & l'on ne connoissoit plus la précieuse & généreuse vertu de la bienfaisance évangélique.

La disette fit plusieurs fois sentir au Cambresis tout ce qu'elle a de plus rigoureux, sur-tout les années 1006, 1036, 1112, 1145, 1175, 1196, 1239, 1278, 1315, 1351, 1403, 1409, 1410, 1437, 1438, 1439, 1481, 1522, 1523, 1534, 1557, 1587. En 1581, la vache se vendoit 300 livres, la brebis 50 livres, un œuf 40 sols, une once de sel 8 sols. On ne sçauroit sans frémir exposer le triste tableau que Gélic & les autres Historiens

E

nous ont laissés : les peintures en sont affreuses & humiliantes pour l'humanité. Aux villages de Clary & de Saint-Vaast, des meres insensibles aux gémissemens de leurs enfans, se sont livrées à ce que le désespoir a de plus noir & de plus atroce; après avoir épuisé les insectes & les reptiles, elles ont dévoré leur progéniture au berceau : on en vit poussées par le remords & l'ardeur de la faim, déchirer leurs propres membres, éteindre un souffle de vie, qu'elles pouvoient à peine prolonger dans la misere & la douleur.

Si la Flandres passe pour le théâtre de la guerre, le Cambresis en éprouva toutes les horreurs. Dès l'an 370, la ville de Cambrai fut assiégée par le tyran Maxime, prise peu après par les Alains, reprise en 414 par les Goths qui en furent chassés par les Romains. Clodion s'en empara, lorsqu'il voulut fonder le Royaume de Cambrai; & cette victoire ne fut remportée qu'après le massacre de 53 mille hommes. La mort de Rangtcaire, dernier Roi de Cambrai, fut suivie des plus grands troubles : Clovis s'empara de ce Royaume, dont les fondemens n'étoient pas solides ; Chilperic se rendit maître de cette ville, en fit le théâtre de plusieurs guerres cruelles, & son refuge contre ses ennemis.

Ebroïn, maire du Palais, prit la ville de Cambrai, y exerça des cruautés inouies, fut assassiné par l'armée de Pepin qui fut victorieuse, & entra dans la ville vers l'an

NOTES.

689. Eudon, vassal de Lothaire, excita une guerre civile, & tourmenta cruellement l'Evêque. La persécution des Normands réduisit le Cambresis & la ville de Cambrai à la derniere extrémité. Mais leur triomphe ne fut pas de longue durée, puisqu'ils furent défaits à Thun quelques mois après. La défaite les rendit plus féroces; & ne pouvant réussir à forces ouvertes, ils employerent tous les moyens, brûlerent les églises, & pillerent encore une fois la ville, firent éprouver à ses habitans tout ce que la ruse, le désespoir ont de plus atroce. S'ils parurent abandonner leur proie pendant quelque temps, ce ne fut que pour mieux assouvir leur voracité, & donner le temps aux habitans de se relever de tant de désastres pour leur offrir une moisson plus riche. Les Hongrois vinrent assiéger Cambrai vers l'an 960, & y causerent bien des pertes. Charles de Lorraine la pilla en 970, sous le spécieux prétexte de secourir l'Evêque. Bauduin, Comte de Flandres, la reprit en 1002, & ravagea le Cambresis. Cette Province éprouva le même sort à la mort de Charles VI, fut pillée & ravagée pendant le sacre de Louis XI par le Seigneur de Lude, & peu après par Maraffin. Le Cambresis éprouva une des plus violentes secousses vers l'an 1533; & le Comte de Rheux, Lieutenant de l'Empereur, auroit réduit cette Province aux derniers malheurs, si le Seigneur d'Estourmel, aussi puissant par

ses richesses, que par son courage & son crédit, n'avoit opposé la résistance la plus vive ; aussi reçut-il des marques d'estime & des récompenses très-flatteuses de la part de son Roi. Mais l'Empereur ne perdit rien pour retarder ses victoires, puisqu'en 1543 il fit bâtir une citadelle à Cambrai, après y avoir causé de grands troubles. Le Cambresis ravagé quelques années auparavant, fut ruiné, Cambrai même assiégé par le Roi de France en 1553. Depuis cette époque jusqu'à la promotion de M. de Vanderburk, le Cambresis fut ravagé presque tous les ans, & la Province ne fut jamais si florissante, que depuis qu'elle est gouvernée par les Rois de France.

La Province offrit un spectacle bien triste & bien étrange, depuis l'année 1528 jusqu'en 1533 : une chaleur inconnue brûla jusqu'aux racines des plantes, après avoir épuisé tous les sucs de la terre & des arbres, couvert les plaines d'insectes, ôté l'espoir de la moisson & de la récolte pour plusieurs années. Pendant ces cinq ans, on ne sentit pas les rigueurs de l'hiver ; & l'air corrompu par le défaut de gêlée, occasionna des maladies cruelles, entr'autres le trousse-galant, qui emportoit les malades en deux heures. Ceux qui étoient assez malheureux pour ne pas succomber aux traits de la maladie, restoient sans cheveux, conservoient long-temps une foiblesse extrême & un dégoût général, & se trouvoient encore expofés aux rigueurs de la famine.

(8) Le Cambrefis fut fouvent du domaine de l'Empire, mais tantôt appartenoit à l'Efpagne, tantôt à la France, quelquefois à l'Evêque; il fut même un temps malheureux où perfonne ne le réclamoit, tant fa défolation étoit fenfible. Les divifions inteftines & l'ambition des Châtelains, cauferent fouvent de grands troubles. Le Châtelain Watier donna le fignal de la révolte aux Cambrefiens, qui perfécuterent l'Evêque & fes Chanoines, en firent même périr plufieurs après les avoir jetté dans des prifons obfcures. Bauduin, Comte de Flandres, profita de ces troubles pour dépouiller l'Evêque de fes poffeffions, munit la ville, y mit des troupes nombreufes, & en donna le gouvernement au Châtelain. La révolte parut appaifée; mais elle n'en devint que plus ardente, dès que les menaces de l'Empereur cefferent. En 1064 & 1065, le Châtelain Hugues fit emprifonner l'Evêque Liébert, maffacrer les plus fidéles de fes Sujets. Mais l'Empereur irrité du mépris de fes ordres, le Comte de Flandres & la Comteffe du Hainaut, s'armerent pour la défenfe du Clergé de Cambrai, rétablirent le calme qui fut de peu de durée, puifque fous l'Evêque Gérard, l'Empereur en 1165 fut obligé de continuer tous les priviléges des Eccléfiaftiques, & de s'oppofer aux

entreprises de leurs ennemis. En 1222 les Eccléfiaftiques furent encore expofés aux outrages les plus fanglans, mais vengés de la maniere la plus humiliante pour leurs perfécuteurs. Quelques années auparavant, le Pape Innocent employoit les foudres de l'Eglife, & l'Empereur fa puiffance, pour la défenfe du Clergé. En 1260, fous l'Evêque Nicolas, les ennemis du Clergé montrerent plus d'opiniâtreté que jamais. Sept ans après, ils fe livrerent à tout ce que la rage peut infpirer : il fuffifoit d'être Prêtre, pour être privé des égards qui font dûs au dernier des hommes. Les richeffes du Clergé, la protection puiffante qu'ils trouvoient dans les Rois & les Princes, excitoient la jaloufie. L'ambition des Châtelains étoit bien dangereufe par l'enfeigne de la liberté qu'ils avoient déployée. Des milliers de furieux & de jaloux s'étoient réunis fous ce drapeau fatal ; & tandis qu'ils s'occupoient de leurs prétentions, ils n'oppofoient aucune barriere à leurs ennemis, fe laiffoient furprendre, & accufoient les Eccléfiaftiques de leurs défaftres. Ces divifions rendoient le Cambrefis la patrie du plus fort ; elle n'étoit la province d'aucun Royaume : le François, l'Efpagnol, le Normand, &c. tout le monde y avoit des droits ; le Cambrefien lui-même alloit au-devant de fes vainqueurs. C'eft cette divifion fi fatale, & cette haine fi invétérée, que M. de Vanderburk a déraciné ; il la regardoit comme la fource de tous les maux, & sa devise étoit : *Unitas libertatis arx.* Il ne donnoit d'autre réponse à ceux qui venoient lui faire part de leurs quérelles ou de leurs peines, *l'union est la sauve-garde de la liberté.* C'est pour consacrer cette maxime si précieuse, que l'on a composé une piéce de vers à la louange du Prélat. Les premieres lettres de chaque vers forment son nom, & les dernieres sa devise, dont il faisoit la base de sa conduite, & qu'il cherchoit à insinuer à tout le monde.

DD. DE VANDERBURK, Arch. Cam. An. 1616.

H uc avibus concede bonis quem cernere vult **U**
E xoptat læto Cameracum, quippe levame **N**
N on mediocre venis Pastor laturus ovil **I**
R ara fides cujus pietas candorque refulgen **T**
I nnumeræque aliæ dotes quibus omnia san **A**
C onserves tanto foveas moderamine cive **S**
U nanimes perstetque diu ad solatia Præsu **L**
S candere qui facias non scalam limine cœl **I**
F irmatam somno evigilans quam vidit Jaco **B**
R egis at æterni cœlestia regna quis ips **E**
A lter erit quæso cui tanta accepta ferantu **R**
N unc igitur cleri procerum populique redeun **T**
C oncentus lepidi cum plausibus omnia circ **A**
I gnibus accensis certatim compita fumen **T**
S parsim, læta sonent, concentu mœnia templ **I**
C lerus ovans festos moduletur dulciter hymno **S**
U ndique nostra procul testentur gaudia templ **A**
S inceri proceres porro & populus quibus ardo **R**
V erus inest & amor concurrent nunc etenim gre**X**

A gnoscat placidum post sua fata ducem
N il dubites comitamur enim sinul unanimesque
D icimus cia veni Præsul amande veni.
E xcellens Dux noster ades, bonus omnibus, omnes
R espirant hilares & tua castra petunt
B landus enim gratusque, Deo charus quin & ipse
V elatus tectus liber ubique vacas
R espectu quorum submisse accedimus. Ecce
C oge Rege antistes præcipe ducque gregem.

Cette piéce qui n'est pas un modele de poésie, désigne au moins la vertu particuliere de M. de Vanderburk, la bienfaisance & l'amour de la paix. L'expérience lui avoit appris que loin de procurer la liberté, la division l'opprimoit, & presque toujours étoit la source de l'esclavage. L'homme trop borné dans ses facultés ne peut se suffire à lui-même, & la division écarte des secours que sa foiblesse lui rend nécessaires, atténue les ressources que la société procure, fait interpréter les actions les plus innocentes, fomente l'émulation & la haine, empoisonne les vertus même, enfante la servitude & ses fléaux, aggrava le joug des oppresseurs, ou multiplie tous les maux de l'anarchie, s'oppose à la bienfaisance, sape les fondemens de la liberté.

(9) M. de Vanderburk fit décorer toutes les châsses de son diocése, & croyoit inspirer l'amour de la Religion en rendant hommage à la mémoire de ses plus beaux ornemens.

NOTES. 105

(10) Les hôpitaux des Paralytiques & de S. Julien de Cambrai, d'Enghien, de Leſſines, de Tournai, du Reux; les Orphelins & les Paralytiques de Mons, regardent M. de Vanderburk comme leur plus grand Bienfaiteur.

(11) M. de Vanderburk fit bâtir l'égliſe de Pommereul; il fit bâtir & dota l'égliſe de Mazenghien & Robercourt; fit bâtir l'école des pauvres Enfans. Dans tous ſes bienfaits il évitoit l'éclat, en préférant les perſonnes les plus ignorées. Si l'école Dominicale ſubſiſte encore aujourd'hui par ſes largeſſes, cet établiſſement déſigne le goût de ſon pieux inſtituteur. Tous les pauvres Enfans de la ville ſont inſtruits dans les principes de la Religion, & puiſent les connoiſſances néceſſaires à leur état. De peur que la négligence ou l'avidité des parens, ne privât les pauvres Enfans d'un ſecours auſſi néceſſaire, ils participent toutes les ſemaines à une diſtribution de pain & d'argent. C'eſt ainſi que M. de Vanderburk a rendu l'éducation néceſſaire & facile à des hommes qui ont beſoin d'un ſecours auſſi puiſſant que celui de la Religion, pour devenir citoyens vertueux, & n'être point avilis par le défaut de ſentimens honnêtes, que l'éducation ſeule peut inſpirer à ceux qui n'ont pas dans leurs familles des modeles de vertu.

(12) Le College & le Séminaire, dont

l'église est très-belle, bâtis par la libéralité de M. de Vanderburk.

(13) Il donnoit beaucoup de pensions aux jeunes gens, sur-tout quand ils n'avoient pas de protections.

(14) C'est ce même amour des pauvres, qui engagea M. de Vanderburk à fonder la Maison des Filles de Ste. Agnès. Cette fondation mérita les applaudissemens de toute la France, & Louis XIV en demanda le plan pour fonder un semblable établissement en faveur de la Noblesse. Aussitôt la Manse Abbatiale de S. Denis près Paris, fut supprimée, & la Maison de S. Cyr fondée. Ce superbe édifice près Versailles, fut élevé par les ordres de Louis XIV, en faveur de la pauvre Noblesse. Les Demoiselles qui, après avoir présenté les preuves de leur Noblesse, l'état des services militaires que leurs Peres ont rendus à l'Etat, ont le bonheur d'être admises à cette éducation purement gratuite, sont formées suivant les principes de grandeur d'ame & de vertu qu'exige leur naissance, & les sentimens qu'elles doivent inspirer dans la suite à leurs descendans. Louis XIV, pour faire mieux sentir les influences de sa grandeur & de sa bonté à cet établissement Royal, voulut qu'il fût près du Trône & de sa Cour, à la porte de son château ; honora souvent les Éleves de sa présence, & les engageoit à ne point

dégénérer de la vertu de leurs aïeux. Il pourvut même aux dangers de la pauvreté qui pouvoit affliger les Éleves, & les priver du fruit d'une éducation si cultivée ; chacune d'elles, en quittant cet afyle, jouit d'une rente viagere, qui les met en état de subfifter fans aucun autre fecours. Si la fondation de S. Cyr honore la mémoire de Louis XIV, celle de Sainte Agnès ne fait pas moins d'honneur aux vertus & au cœur de M. de Vanderburk. Cette Maifon richement dotée par ce Prélat pour fournir à la nourriture & à l'entretien de cent Filles d'une famille honnête, mais à qui les parens ne peuvent point procurer les avantages d'une éducation conforme à leur état. Elles font admifes à douze ans, & paffent dans cette Maifon d'édification les fix années où le fexe a bien des écueils à craindre, tant des paffions qui cherchent à fe développer, que de la confiance qui eft fi naturelle, fi ouverte & fi dangereufe. Elles quittent cette Retraite après avoir reçu tous les fecours d'une éducation néceffaire & propre à former d'excellentes meres de familles. On leur procure des avantages quand elles quittent cette Maifon pour fe marier ou entrer dans une Communauté Religieufe. Si la vertu, comme héréditaire & particuliere à cette Maifon précieufe au Cambrefis, fe communique à toutes les Éleves qui fe fuccédent dans l'éducation, la Province doit reconnoître les obligations qu'elle ne ceffe de contracter envers les

E 6

personnes zélées qui préfident à l'éducation des Bourfieres, les forment à la religion & au travail. On peut affurer que les D^{lles} de Sainte Agnès ont hérité de l'efprit de M. de Vanderburk leur fondateur. Elles ne connoiffent d'autre loi que celle de la bienfaifance évangélique, ennemie du fafte & de l'oftentation. Loin d'être à charge à la fondation, on les a vu fouvent facrifier une partie de leur patrimoine, pour former un état aux Bourfieres qui s'étoient rendues recommandables par leur conduite. Les Bourfieres qui tombent dans l'indigence, trouvent encore des reffources affurées dans la fondation, lorfqu'elles n'ont point mérité leurs difgraces par l'inconduite, depuis la fin de leur éducation.

S. Médard a confervé la vertu, & l'amour de la Religion à Salency, en inftituant la fête de la Rofiere. Cet établiffement fe multiplie par toute la France. La fondation de Sainte Agnès n'eft pas un aiguillon moins puiffant; & s'il n'eft pas difficile de l'imiter dans les villes de commerce, elle produiroit un bien plus fenfible.

(15) Par la fondation de Sainte Agnès, M. de Vanderburk eft, pour ainfi dire, le fondateur de S. Cyr & de la fuperbe Maifon d'éducation qui s'éleve aujourd'hui dans la Ruffie. Saint Médard, en inftituant la fête de la Rofiere à Salency, a donné un exemple que tout Seigneur fe fait un plaifir

& un devoir d'imiter. La Reine de France, en dotant plufieurs pauvres Filles, a rendu cette pratique familiere dans toutes les parties du Royaume. Si les perfonnes fenfibles & bienfaifantes font quelquefois arrêtées par le défagrément d'obliger des ingrats, elles devroient être bien confolées par l'efpérance de voir leurs bienfaits fe multiplier, & devenir la fource d'une infinité d'actions généreufes.

(16) M. de Fleury, Archevêque de Cambrai, fit transférer le corps de M. de Vanderburk de la ville de Mons, où il avoit été inhumé le 25 Mars 1644, deux jours après fa mort. La tranflation fut une cérémonie des plus intéreffantes; les Bourfieres de Ste. Agnès précédoient le corps. Les fentimens que les habitans de la Province ne pouvoient contenir, font le plus bel éloge du Prélat. Son corps fut dépofé dans une Chapelle du côté de l'Archevêché, après avoir été trouvé fans corruption, fuivant le procès-verbal dreffé eh préfence de M. l'Archevêque, de Mrs. les Vicaires généraux, & plufieurs perfonnes refpectables, qui ont figné l'acte configné aux archives du Vicariat.

(17) L'Académie Françoife a propofé l'Éloge de Fénelon pour prix d'éloquence.

(18) *MANDEMENT de Monfeigneur FRANÇOIS DE FÉNELON, Archevêque-Duc de Cambrai, lu par lui-même*

en *l'Eglise Métropolitaine de Cambrai, immédiatement après la condamnation de son Livre des* Maximes des Saints.

« FRANÇOIS, par la miséricorde de Dieu & la grace du S. Siége Apostolique, Archevêque-Duc de Cambrai, Prince du S. Empire, Comte du Cambresis, &c. Au Clergé séculier & régulier de notre Diocése : Salut & bénédiction en Notre-Seigneur.

» Nous nous devons à vous sans réserve, Mes très-chers Freres, puisque nous ne sommes plus à nous, mais au troupeau qui nous est confié : *Nos autem servos per Jesum.* C'est dans cet esprit, que nous nous sentons obligés de vous ouvrir ici notre cœur, & de continuer à vous faire part de ce qui nous touche sur le Livre intitulé : *Explications des Maximes des Saints.*

» Enfin, N. S. P. le Pape a condamné ce Livre avec les vingt-trois Propositions qui en ont été extraites, par un Bref daté du 12 de Mars, qui est déjà répandu par-tout, & que nous avons déjà vu.

» Nous adhérons à ce Bref, Mes très-chers Freres, tant pour le texte du Livre, que pour les vingt-trois Propositions, purement & simplement, absolument & sans ombre de restriction ; ainsi nous condamnons tant le Livre que les vingt-trois Propositions, précisément

» dans la même forme & avec les mêmes
» qualifications, fimplement, abfolument
» & fans aucune reftriction. De plus, nous
» défendons fous la même peine à tous les
» Fidéles de ce diocéfe, de lire & de gar-
» der ce Livre.

» Nous nous conferons, Mes très-
» chers Freres, de ce qui nous humilie,
» pourvu que le miniftere de la parole que
» nous avons reçu du Seigneur pour votre
» fanctification, n'en foit pas affoibli, &
» que nonobftant l'humiliation du Pafteur
» le troupeau croiffe en grace devant Dieu.

» C'eft donc de tout notre cœur que
» nous vous exhortons à une foumiffion
» fincere, & à une docilité fans réferve,
» de peur qu'on n'altere infenfiblement la
» fimplicité de l'obéiffance au S. Siége,
» dont nous voulons donner, moyennant
» la grace de Dieu, l'exemple jufqu'au
» dernier foupir de notre vie. A Dieu ne
» plaife qu'il foit jamais parlé de nous, fi
» ce n'eft pour fe fouvenir qu'un Pafteur
» a cru devoir être plus docile que la
» derniere brebis de fon troupeau, &
» qu'il n'a mis aucunes bornes à fa fou-
» miffion. Je fouhaite, Mes très-chers
» Freres, que la grace de Notre-Seigneur
» Jefus-Chrift, l'amour de Dieu, & la
» communication du S. Efprit, demeure
» avec vous tous. *Amen*.

Signé † FRANÇOIS, Archevêque-Duc
de Cambrai.

Par Monfeigneur : DES ANGES, Secrét.

NOTES.

Ce chef-d'œuvre d'éloquence si naturelle & simple, exprime les sentimens du grand Fénelon; il est aisé d'y découvrir l'élévation du génie & la sublimité de la Religion qui l'inspiroit : la noblesse des sentimens, la candeur des mœurs, & l'amour de ses Diocésains, y sont tracés comme sur un tableau. Tout le monde sent combien il dût être affecté, quand il prononça sa propre condamnation à la face de son diocèse.

M. de Fénelon montroit dans son exil une fermeté que la religion & le témoignage d'une conscience sans reproche, rendoient inébranlable. Ses ennemis envioient son bonheur, & employerent tous les moyens de lui rendre son exil insupportable ; mais l'amour de ses Diocésains, la noblesse de ses procédés, les bienfaits dont il combloit ses persécuteurs ; tout adoucissoit la rigueur de sa position, & le faisoit triompher de l'envie.

Ce qui pourroit justifier le parallele entre M. de Vanderburk & M. de Fénelon, si on le trouvoit exagéré, c'est l'opinion publique & le jugement que la Province porte encore tous les jours de ces deux Prélats. On ne nomme pas l'un, sans rappeller l'autre. Quelques détracteurs du vrai mérite ont cru que M. de Vanderburk étoit borné, & que la bienfaisance faisoit tout son mérite. Il suffit de montrer les bienfaits de cet homme généreux, de n'apprécier la nature, pour y découvrir autre chose que la bienfaisance. Un bon cœur fait le bien ; mais il faut de l'esprit pour le bien faire. On pourroit donner une idée parfaite de M. de Vanderburk, en rendant son testament public & en exposant sa conduite. On conserve au Vicariat le regiſtre & le journal auquel il travailloit tous les jours. Un état exact de la situation du Diocéſe, la note de tous ſes Eccléſiaſtiques, forment trois volumes conſidérables. Le nombre des Ordinations inſcrit ci-après, extrait des regiſtres du Vicariat, paroîtra extraordinaire.

Années.	Clercs.	Acolyt.	Sousdiac	Diacres.
1616	382	97	58	47
1617	471	154	119	137
1618	418	98	94	107
1619	234	88	96	80
1620	161	94	103	97
1621	338	103	117	130
1622	144	154	177	198
1623	166	159	218	210
1624	288	158	207	224
1625	269	136	134	124
1626	141	134	144	133
1627	225	108	126	148
1628	248	125	118	113
1629	150	111	125	115
1630	291	121	125	102
1631	192	138	183	139
1632	304	104	123	125
1633	129	99	132	112
1634	275	135	166	175
1635	177	107	133	120

Prêtres.	Abbés	Abbeſ	Evêq.	Egliſes.	Autels.
47	1			7	151
116	1			14	542
111	1			10	918
87		1		15	637
82	1			2	40
125	2			1	71
172					6
260	1			4	24
228	1		1	3	80
141				2	66
122				1	14
169	2		1	1	20
128	4			1	43
112	2			1	36
105		1			38
136				1	11
126		1	1	1	41
106	1			1	37
169	1	1		1	41
132					23

Années.	Clercs.	Acolyt.	Sousdiac	Diacres.
1636	132	112	136	145
1637	136	95	117	138
1638	216	123	100	105
1639	268	113	129	123
1640	160	120	127	120
1641	127	100	122	100
1642	264	74	94	90
1643	222	126	99	116
1644	27	30	30	36

Prêtres.	Abbés	Abbeſ	Evéq.	Egliſes.	Autels.
184					21
143					5
105					10
142					49
134					8
135				2	23
96				4	39
102				2	64
31	1		1		1

Fin des Notes.

www.ingramcontent.com/pod-product-compliance
Lightning Source LLC
Chambersburg PA
CBHW070521100426
42743CB00010B/1893